INCOTERMS 2020

Guía rápida y completa

Dario Cerezo

DEDICATORIA

Dedico este libro a todos aquellos que, como yo, se han encontrado perdidos en la complejidad del comercio internacional y sus términos específicos. A aquellos que han pasado noches en vela tratando de entender las diferentes responsabilidades y obligaciones de las partes involucradas en una transacción comercial. Espero que esta guía rápida y completa les sea de gran ayuda para aclarar cualquier duda o confusión que puedan tener y les permita llevar a cabo transacciones exitosas y sin problemas. Mi deseo es que les sirva como un recurso valioso y confiable para quienes buscan expandir sus negocios a nivel internacional y se enfrentan a los desafíos que esto implica. Gracias por confiar en mí para guiarles en este viaje de aprendizaje y crecimiento empresarial.

CONTENIDO

Introducción

El comercio internacional es una actividad que involucra la compra y venta de bienes entre empresas y países, que a menudo implican la participación de diversos actores como proveedores, transportistas, bancos y autoridades aduaneras.

Para simplificar las transacciones comerciales, se han desarrollado acuerdos internacionales que establecen reglas y términos comunes que rigen el transporte y entrega de los bienes.

Entre estos acuerdos se encuentran los Incoterms, un conjunto de términos comerciales que definen las responsabilidades y obligaciones de los compradores y vendedores en una transacción comercial.

¿Qué son y por qué son importantes los Incoterms?

Los Incoterms son una serie de términos comerciales estandarizados y reconocidos internacionalmente que definen las responsabilidades, costos y riesgos en una transacción comercial internacional. Los Incoterms son desarrollados y publicados por la Cámara de Comercio Internacional (ICC) y se utilizan en todo el mundo como un medio para establecer un lenguaje común entre compradores y vendedores en el comercio internacional.

Cada término de los Incoterms describe claramente los derechos y obligaciones del comprador y el vendedor en relación con la entrega de la mercancía, la transferencia de riesgos y la responsabilidad de los costos en una transacción comercial. Los términos también definen el punto de entrega, el lugar donde el vendedor cumple con sus obligaciones y donde el comprador adquiere la responsabilidad de la mercancía.

Al utilizar los Incoterms adecuados para una transacción comercial, los compradores y vendedores pueden evitar malentendidos y conflictos al definir claramente sus responsabilidades y obligaciones en cada etapa de la transacción. Además, los Incoterms pueden ayudar a minimizar los riesgos comerciales y financieros, simplificar la logística y el transporte, y tener un impacto significativo en el precio y la competitividad de una oferta.

Los Incoterms son importantes en el comercio internacional porque establecen las reglas y responsabilidades para el comprador y el vendedor en una transacción comercial. Estos términos pueden evitar malentendidos y conflictos entre las partes al definir las responsabilidades de cada una en la entrega, el transporte y la transferencia de riesgos y costos de la mercancía.

Al definir claramente las responsabilidades y obligaciones de las partes en una transacción comercial, los Incoterms también pueden ayudar a minimizar los riesgos comerciales y financieros. Por ejemplo, los Incoterms pueden definir quién es responsable de los costos de seguros y transporte, lo que puede ayudar a evitar problemas relacionados con la pérdida o daño de la mercancía durante el transporte.

Además, los Incoterms pueden ayudar a simplificar la logística y el transporte internacional. Al elegir los términos adecuados para una transacción comercial, los compradores y vendedores pueden coordinar más eficazmente la entrega de la mercancía y evitar retrasos o problemas en la aduana.

En resumen, los Incoterms son importantes en el comercio internacional porque ayudan a establecer reglas claras y responsabilidades para el comprador y el vendedor, minimizan los riesgos comerciales y financieros, simplifican la logística y el transporte, y pueden tener un impacto significativo en el precio y la competitividad de una oferta.

Principales cambios en los Incoterms 2020

Los Incoterms 2020 presentan varios cambios importantes en comparación con la versión anterior, los Incoterms 2010.

Algunos de los principales cambios son:

Nueva incorporación de un incoterm: Los Incoterms 2020 incluyen un nuevo incoterm, el denominado DPU (Delivered at Place Unloaded), que reemplaza al Incoterm DAT (Delivered at Terminal) de los Incoterms 2010. Este nuevo incoterm DPU permite mayor flexibilidad para las entregas de la mercancía, ya que el comprador es responsable de descargar la mercancía del transporte en el lugar de destino acordado.

Cambios en la descripción de algunos incoterms: Los Incoterms 2020 cambian la descripción de algunos incoterms para hacerlos más precisos y comprensibles. Por ejemplo, el incoterm FCA (Free Carrier) ahora especifica que el vendedor es responsable de la carga de la mercancía en el transporte, lo que antes no estaba claramente definido.

Reglas claras para la distribución de costos y responsabilidades: Los Incoterms 2020 ofrecen una descripción más detallada de las responsabilidades y costos para cada incoterm, lo que permite una mejor comprensión y distribución de los costos y responsabilidades entre el comprador y el vendedor.

Cambios en el transporte multimodal: Los Incoterms 2020 ofrecen una mayor claridad en el transporte multimodal, que combina diferentes medios de transporte, como el uso de barcos, trenes y camiones. En particular, los Incoterms 2020 hacen una distinción más clara entre los incoterms que se aplican solo al transporte marítimo y aquellos que se aplican a todo tipo de transporte.

Inclusión de una guía de usuario: Los Incoterms 2020 incluyen una guía de usuario que proporciona una explicación detallada de cada incoterm y su uso adecuado. La guía de usuario también proporciona ejemplos prácticos para ayudar a los usuarios a entender cómo se aplican los Incoterms en situaciones específicas.

Podemos resumir que los Incoterms 2020 presentan cambios significativos que ayudan a los comerciantes a comprender mejor las obligaciones y responsabilidades de cada parte en una transacción comercial internacional. Los cambios en la descripción de los incoterms y la inclusión de una guía de usuario hacen que los Incoterms sean más accesibles y fáciles de entender para los usuarios. Además, la nueva incorporación del incoterm DPU ofrece una mayor flexibilidad en la entrega de la mercancía.

Clasificación de los Incoterms

Los Incoterms se dividen en cuatro categorías: E, F, C y D. Cada categoría describe los términos de entrega que establecen la responsabilidad y los costos entre el comprador y el vendedor en una transacción comercial internacional.

Categoría E - Los términos de esta categoría solo se aplican a la mercancía que se transporta directamente desde la fábrica o el lugar de producción del vendedor hasta el comprador.

EXW (Ex Works - En Fábrica)

El vendedor es responsable de poner la mercancía a disposición del comprador en su lugar de producción y el comprador es responsable de la carga, el transporte y los costos de exportación.

Categoría F - Los términos de esta categoría se aplican cuando la mercancía es transportada por el vendedor al puerto de embarque o aeropuerto, pero el comprador es responsable de los costos y riesgos del transporte principal.

FCA (Free Carrier - Libre Transportista)

El vendedor es responsable de entregar la mercancía a un transportista designado por el comprador en el lugar de entrega acordado. A partir de ese punto, el comprador es responsable del transporte y los costos.

FAS (Free Alongside Ship - Libre al Costado del Buque)

El vendedor es responsable de colocar la mercancía junto al costado del buque en el puerto de embarque designado. A partir de ese punto, el comprador es responsable del transporte y los costos.

FOB (Free on Board - Libre a Bordo)

El vendedor es responsable de colocar la mercancía a bordo del buque en el puerto de embarque designado. A partir de ese punto, el comprador es responsable del transporte y los costos.

Categoría C - Los términos de esta categoría se aplican cuando el vendedor es responsable de los costos y riesgos del transporte principal hasta el puerto de destino acordado.

CFR (Cost and Freight - Costo y Flete)

El vendedor es responsable de entregar la mercancía al puerto de destino acordado y pagar el flete. El comprador es responsable del seguro y otros costos posteriores a la llegada.

CIF (Cost, Insurance and Freight - Costo, Seguro y Flete)

El vendedor es responsable de entregar la mercancía al puerto de destino acordado y pagar el flete y el seguro. El comprador es responsable de los impuestos y aranceles y otros costos posteriores a la llegada.

CPT (Carriage Paid To - Transporte Pagado Hasta)

El vendedor es responsable de entregar la mercancía a un transportista designado por el comprador en el lugar de entrega acordado y pagar el flete. A partir de ese punto, el comprador es responsable del seguro y otros costos posteriores a la llegada.

CIP (Carriage and Insurance Paid To - Transporte y Seguro Pagado Hasta)

El vendedor es responsable de entregar la mercancía a un transportista designado por el comprador en el lugar de entrega acordado y pagar el flete y el seguro. A partir de ese punto, el comprador es responsable de los impuestos y aranceles y otros costos posteriores a la llegada.

Categoría D - Los términos de esta categoría se aplican cuando el vendedor es responsable de entregar la mercancía al lugar de destino acordado y asumir todos los costos y riesgos hasta ese punto.

DAP (Delivered at Place - Entregado en Lugar)

El vendedor es responsable de entregar la mercancía al lugar de destino acordado, pero el comprador es responsable de los impuestos y aranceles y otros costos posteriores a la llegada.

DPU (Delivered at Place Unloaded - Entregado en Lugar Descargado)

El vendedor es responsable de entregar la mercancía al lugar de destino acordado y descargarla del transporte. El comprador es responsable de los impuestos y aranceles y otros costos posteriores a la llegada.

DDP (Delivered Duty Paid - Entregado Derechos Pagados)

El vendedor es responsable de entregar la mercancía al lugar de destino acordado y pagar todos los impuestos y aranceles y otros costos posteriores a la llegada. El comprador es responsable de descargar la mercancía del transporte.

En términos generales, se puede afirmar que los Incoterms representan un recurso de vital importancia para la realización de negocios internacionales, puesto que establecen las condiciones y responsabilidades del comprador y vendedor en cada una de las fases del proceso de envío.

La clasificación de los Incoterms en las cuatro categorías E, F, C y D resulta de gran utilidad para los comerciantes, ya que les permite seleccionar la opción más apropiada para su transacción y, al mismo tiempo, asegurarse de contar con un conocimiento preciso y detallado de las obligaciones y costos asociados a cada fase del proceso.

En definitiva, se trata de una herramienta que contribuye de manera significativa a la reducción de los riesgos y la prevención de posibles malentendidos en el marco de las transacciones comerciales internacionales.

Importancia del lugar de entrega de la mercancía

El lugar de entrega de la mercancía es uno de los aspectos más importantes que se definen en los Incoterms. Esto se debe a que el lugar de entrega determina el momento y el lugar en que la responsabilidad y los costos asociados con la mercancía se transfieren del vendedor al comprador.

Por ejemplo, en los Incoterms FOB (Free on Board), el lugar de entrega es en el puerto de embarque, lo que significa que el vendedor es responsable de cargar la mercancía en el barco y de todos los costos y riesgos hasta que la mercancía se carga en el barco. A partir de ese momento, el comprador es responsable de todos los costos y riesgos.

En cambio, en los Incoterms CIF (Cost, Insurance and Freight), el lugar de entrega es en el puerto de destino, lo que significa que el vendedor es responsable de todos los costos y riesgos hasta que la mercancía llegue al puerto de destino acordado. A partir de ese momento, el comprador es responsable de los costos de descarga y transporte posteriores al puerto.

Por eso, es fundamental que el lugar de entrega se defina claramente en los Incoterms para evitar malentendidos y disputas sobre quién es responsable de qué costos y riesgos. Esto también ayuda a las partes a planificar adecuadamente la logística y los costos asociados con la transacción comercial internacional.

Importancia del seguro de la mercancía

El seguro de la mercancía es otro aspecto importante que se debe considerar al negociar términos comerciales internacionales y es especialmente relevante en los Incoterms. El seguro protege al comprador y al vendedor de posibles pérdidas o daños a la mercancía durante el transporte.

En los Incoterms, el vendedor y el comprador tienen responsabilidades diferentes en relación con el seguro de la mercancía, dependiendo del término utilizado. Por ejemplo, en los Incoterms CIF (Cost, Insurance and Freight) y CIP (Carriage and Insurance Paid To), el vendedor está obligado a contratar un seguro que cubra la mercancía hasta su destino final. En estos términos, el vendedor debe proporcionar al comprador una póliza de seguro que cubra la mercancía.

En cambio, en otros términos como FOB (Free on Board) o EXW (Ex Works), el comprador es responsable de contratar un seguro para la mercancía durante el transporte. En estos casos, el vendedor no está obligado a proporcionar un seguro de carga, y es responsabilidad del comprador asegurar la mercancía en tránsito.

Es importante tener en cuenta que, aunque los Incoterms establecen las responsabilidades de las partes en relación con el seguro de la mercancía, es necesario verificar siempre las condiciones específicas de la póliza de seguro contratada, ya que los términos de la póliza pueden variar según el país, la compañía de seguros y otros factores.

Por lo tanto, el seguro de la mercancía es un aspecto importante que se debe considerar al negociar términos comerciales internacionales y es fundamental para proteger los intereses de ambas partes en la transacción. Los Incoterms establecen las responsabilidades de las partes en relación con el seguro de la mercancía, pero siempre es necesario verificar las condiciones específicas de la póliza de seguro contratada.

Importancia de las responsabilidades sobre la mercancía

Las responsabilidades sobre la mercancía son uno de los aspectos más importantes que se definen en los Incoterms. Estas reglas ayudan a establecer claramente las responsabilidades y los costos asociados con la mercancía durante el transporte internacional.

En general, los Incoterms definen dos aspectos importantes en relación a las responsabilidades sobre la mercancía:

- **Transferencia de responsabilidad**: Los Incoterms establecen el momento exacto en que la responsabilidad sobre la mercancía se transfiere del vendedor al comprador. Por ejemplo, en los términos EXW (Ex Works), la responsabilidad se transfiere al comprador en el momento en que la mercancía es entregada en el lugar acordado. En cambio, en los términos DDP (Delivered Duty Paid), la responsabilidad se transfiere al comprador cuando la mercancía es entregada en el lugar acordado y los derechos de aduana e impuestos son pagados por el vendedor.

- **Costos asociados**: Los Incoterms también definen quién es responsable de los costos asociados con la mercancía durante el transporte internacional. Por ejemplo, en los términos FOB (Free on Board), el vendedor es responsable de los costos y riesgos de la mercancía hasta que se carga en el barco. A partir de ese momento, el comprador es responsable de los costos y riesgos. En cambio, en los términos CIF (Cost, Insurance and Freight), el vendedor es responsable de los costos de transporte y seguro de la mercancía hasta que llegue al puerto de destino.

La importancia de las responsabilidades sobre la mercancía en los Incoterms radica en que garantizan que las partes involucradas en la transacción entiendan claramente sus responsabilidades y los costos asociados con la mercancía. Esto ayuda a minimizar el riesgo de malentendidos y disputas entre las partes.

En conclusión, las responsabilidades sobre la mercancía son fundamentales en los Incoterms, ya que ayudan a establecer claramente las obligaciones y costos de cada parte involucrada en la transacción de comercio internacional. Esto ayuda a minimizar el riesgo de malentendidos y disputas, lo que a su vez facilita el comercio y la logística de manera efectiva.

Documentos y trámites aduaneros

Los Incoterms 2020 establecen las responsabilidades de cada parte en relación a la documentación y trámites aduaneros asociados con la mercancía durante el transporte internacional. Estas reglas ayudan a minimizar el riesgo de malentendidos y errores que puedan retrasar el envío de la mercancía o generar costos adicionales.

A continuación, se describen los principales documentos y trámites aduaneros que se definen en los Incoterms 2020:

Factura comercial: Este es un documento que describe la mercancía y su valor, y es utilizado por el vendedor para declarar la mercancía a las autoridades aduaneras y para el pago de impuestos y aranceles. El comprador también utiliza la factura comercial para demostrar la propiedad de la mercancía y para declararla a las autoridades aduaneras de su país.

Documentos de transporte: Los Incoterms 2020 definen quién es responsable de los documentos de transporte, como el conocimiento de embarque o la guía aérea. En términos FOB o CIF, por ejemplo, el vendedor es responsable de proporcionar el conocimiento de embarque, mientras que en términos EXW, el comprador es responsable de obtener el conocimiento de embarque.

Licencias y permisos: Algunos productos requieren licencias o permisos especiales para su importación o exportación. Los Incoterms 2020 establecen quién es responsable de obtener estos permisos. En términos DDP, el vendedor es responsable de obtener todas las licencias y permisos necesarios, mientras que en términos FCA, el comprador es responsable de obtenerlos.

Aduanas y aranceles: Los Incoterms 2020 definen quién es responsable de pagar los impuestos y aranceles aduaneros. En términos DDP, el vendedor es responsable de pagar todos los impuestos y aranceles aduaneros, mientras que en términos FOB, el comprador es responsable de pagarlos.

Inspecciones y certificaciones: Algunos productos requieren inspecciones o certificaciones especiales antes de su importación o exportación. Los Incoterms 2020 establecen quién es responsable de obtener estas inspecciones y certificaciones. En términos FCA, por ejemplo, el comprador es responsable de obtener cualquier certificación o inspección necesaria.

La importancia de los documentos y trámites aduaneros en los Incoterms 2020 radica en que aseguran que todas las partes involucradas en el transporte internacional entiendan claramente sus responsabilidades y costos asociados con la documentación y trámites aduaneros.

Esto ayuda a minimizar el riesgo de errores, retrasos y costos adicionales que puedan surgir debido a la falta de comprensión o malentendidos. Además, la correcta gestión de la documentación y trámites aduaneros es crucial para garantizar el cumplimiento de las regulaciones y leyes internacionales relacionadas con el comercio de mercancías.

Transmisión de riesgos según los Incoterms 2020

Los Incoterms 2020 establecen claramente la transmisión de riesgos en el transporte de mercancías internacionales entre el vendedor y el comprador. Esta transmisión de riesgos se refiere a la responsabilidad por la pérdida, daño o deterioro de la mercancía durante el transporte desde el lugar de origen hasta el lugar de destino.

La transmisión de riesgos en el transporte se basa en el principio de que la parte que tenga el control físico de la mercancía en un momento determinado también es responsable de los riesgos asociados con esa mercancía. Por lo tanto, los Incoterms 2020 establecen los términos de entrega de la mercancía, que indican el lugar y el momento en que se transfiere la responsabilidad de los riesgos.

A continuación se describen las principales reglas de transmisión de riesgos en el transporte según los Incoterms 2020:

EXW (Ex Works): El comprador asume los riesgos a partir del momento en que se le entrega la mercancía en el lugar de origen. El vendedor no tiene responsabilidad por los riesgos asociados con el transporte de la mercancía.

FCA (Free Carrier): El vendedor asume los riesgos hasta el momento en que entrega la mercancía al transportista designado por el comprador en el lugar de origen. A partir de ese momento, el comprador asume la responsabilidad por los riesgos asociados con el transporte.

CPT (Carriage Paid To): El vendedor asume los riesgos hasta el momento en que entrega la mercancía al transportista designado por él en el lugar de origen. A partir de ese momento, el comprador asume la responsabilidad por los riesgos asociados con el transporte.

CIP (Carriage and Insurance Paid To): El vendedor asume los riesgos hasta el momento en que entrega la mercancía al transportista designado por él en el lugar de origen. A partir de ese momento, el comprador asume la responsabilidad por los riesgos asociados con el transporte. Además, el vendedor debe contratar un seguro de transporte a nombre del comprador.

DAP (Delivered at Place): El vendedor asume los riesgos hasta el momento en que entrega la mercancía al lugar acordado en el país de destino. A partir de ese momento, el comprador asume la responsabilidad por los riesgos asociados con el transporte.

DPU (Delivered at Place Unloaded): El vendedor asume los riesgos hasta el momento en que entrega la mercancía al lugar acordado en el país de destino y la descarga de los medios de transporte. A partir de ese momento, el comprador asume la responsabilidad por los riesgos asociados con el transporte.

DDP (Delivered Duty Paid): El vendedor asume todos los riesgos y costos asociados con el transporte de la mercancía hasta el lugar de destino acordado. El vendedor es responsable de todos los riesgos, incluidos los costos de importación y los derechos aduaneros.

La correcta comprensión de las reglas de transmisión de riesgos en el transporte según los Incoterms 2020 es crucial para garantizar que cada parte asuma la responsabilidad adecuada por los riesgos asociados con la mercancía durante el transporte internacional. Esto ayuda a minimizar los malentendidos, los errores y los costos adicionales que pueden surgir.

Costos logísticos entre vendedor y comprador

Los costos logísticos entre el vendedor y el comprador varían según el Incoterm utilizado en la transacción comercial. A continuación, se presentan los costos logísticos típicos para cada término Incoterm según los Incoterms 2020:

EXW (Ex Works): En este término, el vendedor es responsable de cargar la mercancía en el lugar acordado y el comprador es responsable de todos los costos y riesgos a partir de ese momento.

FCA (Free Carrier): El vendedor es responsable de cargar la mercancía en el lugar acordado, pero el comprador es responsable de todos los costos y riesgos después de que la mercancía es entregada al transportista.

FAS (Free Alongside Ship): El vendedor es responsable de cargar la mercancía en el puerto de embarque acordado, pero el comprador es responsable de todos los costos y riesgos después de que la mercancía es entregada junto al buque.

FOB (Free On Board): El vendedor es responsable de cargar la mercancía en el puerto de embarque acordado y cubrir los costos hasta que la mercancía es cargada a bordo del buque. Después de la carga a bordo, el comprador es responsable de todos los costos y riesgos.

CFR (Cost and Freight): El vendedor es responsable de cargar la mercancía en el puerto de embarque acordado y cubrir los costos hasta el puerto de destino acordado. Sin embargo, el comprador es responsable de los riesgos después de que la mercancía es cargada a bordo del buque.

CIF (Cost, Insurance and Freight): El vendedor es responsable de cargar la mercancía en el puerto de embarque acordado, cubrir los costos y contratar un seguro para cubrir la mercancía durante el transporte. El comprador es responsable de los riesgos después de que la mercancía es cargada a bordo del buque.

CPT (Carriage Paid To): El vendedor es responsable de cargar la mercancía en el lugar acordado y cubrir los costos hasta el destino acordado. El comprador es responsable de los riesgos después de que la mercancía es entregada al transportista.

CIP (Carriage and Insurance Paid To): El vendedor es responsable de cargar la mercancía en el lugar acordado, cubrir los costos y contratar un seguro para cubrir la mercancía durante el transporte hasta el destino acordado. El comprador es responsable de los riesgos después de que la mercancía es entregada al transportista.

DAP (Delivered at Place): El vendedor es responsable de cargar la mercancía en el lugar acordado y cubrir los costos hasta el lugar de destino acordado. El comprador es responsable de los riesgos después de la entrega de la mercancía.

DPU (Delivered at Place Unloaded): El vendedor es responsable de cargar la mercancía en el lugar acordado y cubrir los costos hasta el lugar de destino acordado. El comprador es responsable de los riesgos después de la descarga de la mercancía.

DDP (Delivered Duty Paid): El vendedor es responsable de cargar la mercancía en el lugar acordado, cubrir todos los costos y aranceles, y entregar la mercancía en el lugar de destino.

Inclusión de Incoterms en documentos de comercio exterior

Los Incoterms 2020 son ampliamente utilizados en los documentos de comercio exterior para describir los términos de entrega de las mercancías. La correcta inclusión de los Incoterms en los documentos es esencial para garantizar que todas las partes involucradas en la transacción comprendan claramente los términos y condiciones del acuerdo.

Los siguientes son los documentos de comercio exterior más comunes en los que se incluyen los Incoterms 2020:

Cotización o factura proforma: En la cotización o factura proforma, se indicará el Incoterm que se está utilizando para la transacción comercial. Esto permitirá al comprador saber exactamente qué se incluye en el precio y quién es responsable de los costos y riesgos adicionales.

Contrato de venta: El contrato de venta debe incluir el Incoterm utilizado y cualquier detalle adicional sobre la transacción, como el lugar de entrega, el transporte, la documentación y el seguro. Esto asegurará que ambas partes tengan un acuerdo claro sobre los términos y condiciones del acuerdo.

Documento de transporte: El documento de transporte, como la factura de carga o el conocimiento de embarque, debe incluir el Incoterm utilizado y la descripción detallada de los términos de entrega.

Documentos aduaneros: Los documentos aduaneros, como la factura comercial, la lista de empaque y la declaración de aduanas, también deben incluir el Incoterm utilizado. Esto ayudará a las autoridades aduaneras a determinar quién es responsable de la mercancía en diferentes momentos del transporte.

Seguro de carga: El seguro de carga debe basarse en el Incoterm utilizado. En algunos términos, como CIF o CIP, el vendedor es responsable de contratar un seguro para cubrir la carga durante el transporte. En otros términos, como FOB o EXW, es responsabilidad del comprador contratar el seguro adecuado.

En resumen, los Incoterms 2020 son una parte esencial de los documentos de comercio exterior y se utilizan para describir los términos y condiciones de la transacción comercial. La correcta inclusión de los Incoterms en los documentos de comercio exterior ayuda a evitar malentendidos y costos adicionales durante el transporte internacional de mercancías.

Las ofertas comerciales

Las ofertas comerciales son documentos que describen las condiciones de venta de un producto o servicio, y suelen incluir información sobre precios, plazos de entrega, formas de pago, entre otros aspectos importantes. En el contexto del comercio internacional, las ofertas comerciales también deben especificar el Incoterm aplicable a la transacción.

La elección del Incoterm adecuado en una oferta comercial es fundamental, ya que define las obligaciones y responsabilidades tanto del vendedor como del comprador en relación con el transporte y la entrega de la mercancía. Si el Incoterm elegido no está claro o es inadecuado para las necesidades del comprador, esto puede generar malentendidos y problemas en la ejecución del contrato.

Por lo tanto, al elaborar una oferta comercial, es importante tener en cuenta los siguientes aspectos relacionados con los Incoterms 2020:

Especificar claramente el Incoterm aplicable: En la oferta comercial debe indicarse el Incoterm que se aplicará a la transacción. Este debe ser claro y preciso, y debe incluir la versión completa del Incoterm (por ejemplo, "FOB Puerto de Salida" en lugar de simplemente "FOB").

Definir las responsabilidades y obligaciones: La oferta comercial debe describir detalladamente las responsabilidades y obligaciones de cada parte en relación con la mercancía, el transporte y los documentos necesarios para la entrega. Esto puede incluir, por ejemplo, quién es responsable de contratar y pagar el transporte, quién debe obtener los permisos de exportación e importación, y quién es responsable de proporcionar los documentos necesarios para el despacho aduanero.

Especificar los costos: La oferta comercial debe incluir información detallada sobre los costos asociados con la transacción, incluyendo los costos de transporte, seguro y otros costos logísticos. Estos costos deben estar claramente definidos y separados de otros costos asociados con el producto o servicio ofrecido.

Asegurarse de que el Incoterm sea adecuado para las necesidades del comprador: Es importante tener en cuenta las necesidades del comprador al elegir el Incoterm adecuado. Si el comprador prefiere un Incoterm diferente al propuesto en la oferta comercial, es importante negociar y llegar a un acuerdo mutuo antes de la finalización del contrato.

En resumen, las ofertas comerciales son documentos clave en el comercio internacional, y deben incluir información detallada sobre los Incoterms 2020 aplicables a la transacción. Al especificar claramente el Incoterm, definir las responsabilidades y obligaciones, especificar los costos y asegurarse de que el Incoterm sea adecuado para las necesidades del comprador, se pueden evitar malentendidos y problemas en la ejecución del contrato.

Las facturas proforma y facturas comerciales

Las facturas proforma y las facturas comerciales son documentos importantes en el comercio internacional, ya que contienen información clave sobre los términos de la transacción y los productos o servicios involucrados. Los Incoterms 2020 también juegan un papel fundamental en la elaboración de estas facturas, ya que definen las obligaciones y responsabilidades de las partes en relación con el transporte y la entrega de la mercancía.

Las facturas proforma son documentos que se utilizan con frecuencia en el comercio internacional para proporcionar al comprador información detallada sobre los productos o servicios que se ofrecen, incluyendo precios, cantidades, especificaciones y otras condiciones importantes. Estas facturas no son legalmente vinculantes y no se utilizan para el pago, sino que se utilizan como una especie de "cotización" o "propuesta" para la transacción.

Los Incoterms 2020 se pueden incluir en una factura proforma para proporcionar información adicional sobre las obligaciones y responsabilidades de cada parte en relación con el transporte y la entrega de la mercancía. Por ejemplo, si el Incoterm acordado es FOB (Free on Board), la factura proforma deberá especificar el puerto de carga, los costos y los riesgos asociados con la carga de la mercancía a bordo del buque, y la fecha de entrega prevista.

Por otro lado, la factura comercial es el documento que se utiliza para el pago y la contabilidad de la transacción. Esta factura se emite después de que se ha completado la entrega de la mercancía y contiene información detallada sobre la transacción, incluyendo el precio, la cantidad, la descripción de los bienes, los Incoterms aplicables y otros detalles importantes.

Los Incoterms 2020 son fundamentales en la elaboración de una factura comercial precisa y completa, ya que definen las obligaciones y responsabilidades de las partes en relación con el transporte y la entrega de la mercancía. Por ejemplo, si el Incoterm acordado es CIF (Cost, Insurance and Freight), la factura comercial deberá incluir información detallada sobre los costos y los riesgos asociados con el transporte y el seguro de la mercancía hasta el puerto de destino.

En resumen, tanto las facturas proforma como las facturas comerciales son documentos importantes en el comercio internacional, y los Incoterms 2020 juegan un papel fundamental en la elaboración de estos documentos. Es importante incluir el Incoterm aplicable en la factura proforma para proporcionar información detallada sobre las obligaciones y responsabilidades de las partes en relación con el transporte y la entrega de la mercancía, y asegurarse de que la factura comercial contenga información precisa y completa sobre la transacción.

Los contratos de compraventa

Los contratos de compraventa son acuerdos legales entre el comprador y el vendedor en los que se establecen los términos y condiciones de la transacción, incluyendo los precios, las cantidades, las especificaciones de los productos, las condiciones de pago y los Incoterms aplicables. Los Incoterms 2020 son una parte esencial de los contratos de compraventa en el comercio internacional, ya que definen las obligaciones y responsabilidades de las partes en relación con el transporte y la entrega de la mercancía.

La inclusión de los Incoterms en los contratos de compraventa ayuda a evitar malentendidos y conflictos entre el comprador y el vendedor, ya que establecen claramente las responsabilidades de cada parte en relación con el transporte, el seguro y los costos asociados. Los Incoterms también son útiles para determinar cuándo se transfiere la responsabilidad y el riesgo de la mercancía de una parte a otra, lo que es especialmente importante en el transporte internacional.

Es importante tener en cuenta que los Incoterms no son obligatorios y que las partes pueden acordar otros términos y condiciones para la transacción. Sin embargo, el uso de los Incoterms es altamente recomendado ya que han sido desarrollados por la Cámara de Comercio Internacional (CCI) y son ampliamente reconocidos y utilizados en todo el mundo.

Los contratos de compraventa deben incluir los detalles completos de los Incoterms aplicables, como la ubicación de entrega, la responsabilidad y el riesgo de la mercancía, el seguro, los costos de transporte, entre otros. Además, es importante que las partes se aseguren de comprender plenamente los términos y condiciones del contrato y los Incoterms aplicables antes de firmar el acuerdo.

En resumen, los contratos de compraventa son acuerdos legales entre el comprador y el vendedor en los que se establecen los términos y condiciones de la transacción.

Es importante incluir los detalles completos de los Incoterms aplicables en los contratos de compraventa y asegurarse de que las partes comprendan plenamente los términos y condiciones del acuerdo antes de firmar el contrato.

Los contratos de transporte

Los contratos de transporte son acuerdos legales entre el remitente y el transportista en los que se establecen los términos y condiciones del transporte de la mercancía, incluyendo los detalles de la carga, el transporte, la entrega, los plazos, el seguro y los costos. Los Incoterms 2020 son un elemento clave en los contratos de transporte, ya que establecen las responsabilidades y obligaciones de cada parte en relación con el transporte y la entrega de la mercancía.

Los Incoterms 2020 se utilizan para definir el lugar de entrega, la responsabilidad y el riesgo de la mercancía, así como para determinar el costo del transporte y el seguro. Por ejemplo, si se utiliza el Incoterm FOB (Free On Board), el vendedor es responsable de la entrega de la mercancía a bordo del buque en el puerto de embarque acordado, mientras que el comprador es responsable de todos los costos y riesgos posteriores, incluyendo el transporte y el seguro.

Por otro lado, si se utiliza el Incoterm DAP (Delivered At Place), el vendedor es responsable de la entrega de la mercancía en el lugar de destino acordado, asumiendo los costos y los riesgos de transporte hasta el lugar de destino. En este caso, el comprador es responsable de los costos y riesgos posteriores, incluyendo la descarga de la mercancía y los trámites aduaneros.

Es importante tener en cuenta que los Incoterms 2020 no definen los términos y condiciones del contrato de transporte, sino que establecen las obligaciones y responsabilidades de cada parte en relación con el transporte y la entrega de la mercancía. Por lo tanto, es necesario establecer un contrato de transporte separado con el transportista que detalle los términos y condiciones específicos del transporte.

En conclusión, los contratos de transporte son acuerdos legales entre el remitente y el transportista que establecen los términos y condiciones del transporte de la mercancía, mientras que los Incoterms 2020 son utilizados para definir la responsabilidad y el riesgo de la mercancía y los costos de transporte y seguro. Es importante tener en cuenta que los Incoterms 2020 no definen los términos y condiciones del contrato de transporte, sino que establecen las obligaciones y responsabilidades de cada parte en relación con el transporte y la entrega de la mercancía.

Los contratos de seguro

Los contratos de seguro son importantes en el comercio internacional ya que proporcionan protección contra los riesgos que pueden afectar a la mercancía durante su transporte. Los Incoterms 2020 juegan un papel importante en los contratos de seguro, ya que establecen las responsabilidades y obligaciones de las partes en relación con el seguro de la mercancía.

En general, el seguro es responsabilidad del comprador, y los Incoterms 2020 establecen cuándo y dónde el comprador asume la responsabilidad del seguro de la mercancía. Por ejemplo, si se utiliza el Incoterm FOB (Free On Board), el vendedor es responsable del transporte de la mercancía hasta el puerto de embarque, pero el comprador asume la responsabilidad del seguro a partir de ese momento.

Por otro lado, si se utiliza el Incoterm CIF (Cost, Insurance and Freight), el vendedor es responsable del transporte de la mercancía hasta el puerto de destino y debe proporcionar un seguro marítimo. En este caso, el comprador asume la responsabilidad del seguro a partir del momento en que la mercancía es entregada en el puerto de destino.

Es importante tener en cuenta que los Incoterms 2020 no especifican qué tipo de seguro debe ser contratado, sino que establecen quién es responsable de su contratación y cuándo se debe hacer. Los términos y condiciones del seguro deben ser acordados entre el comprador y el vendedor en el contrato de venta.

En conclusión, los contratos de seguro son importantes en el comercio internacional para proteger la mercancía durante su transporte. Los Incoterms 2020 establecen las responsabilidades y obligaciones de las partes en relación con el seguro de la mercancía y establecen cuándo y dónde el comprador asume la responsabilidad del seguro. Es importante tener en cuenta que los términos y condiciones específicos del seguro deben ser acordados entre el comprador y el vendedor en el contrato de venta.

Las cartas de crédito

Las cartas de crédito son un instrumento financiero ampliamente utilizado en el comercio internacional para garantizar el pago seguro de las transacciones entre compradores y vendedores. Los Incoterms 2020 son importantes en la negociación de las cartas de crédito, ya que establecen las condiciones de entrega y los términos de pago de la mercancía.

En general, el comprador solicita la carta de crédito al banco emisor y el banco del vendedor verifica los términos y condiciones de la carta de crédito antes de que el vendedor envíe la mercancía. Los términos de la carta de crédito deben coincidir con los términos del contrato de venta y los Incoterms 2020.

Por ejemplo, si se utiliza el Incoterm FOB (Free On Board), el comprador es responsable del transporte de la mercancía desde el puerto de carga hasta el puerto de destino y debe proporcionar un seguro marítimo. Si la carta de crédito establece que el vendedor debe proporcionar el seguro marítimo, se producirá una discrepancia entre los términos de la carta de crédito y los términos del contrato de venta, lo que podría retrasar el pago y generar costos adicionales.

Por lo tanto, es importante que las partes involucradas en la transacción comprendan los Incoterms 2020 y los términos de la carta de crédito antes de su emisión para evitar discrepancias y problemas en la transacción.

En conclusión, los Incoterms 2020 son importantes en la negociación de las cartas de crédito ya que establecen las condiciones de entrega y los términos de pago de la mercancía. Es importante que las partes involucradas en la transacción comprendan los Incoterms 2020 y los términos de la carta de crédito para evitar discrepancias y problemas en la transacción.

Criterios a considerar para elegir el Incoterm adecuado

La elección del Incoterm 2020 más adecuado depende de varios factores, como el tipo de mercancía, la ruta de transporte, el costo y el riesgo, la experiencia y la capacidad logística de las partes involucradas y las regulaciones y prácticas comerciales de cada país.

Estos son algunos criterios que pueden ayudar a las partes involucradas a elegir el Incoterm 2020 más adecuado para su transacción:

Tipo de mercancía: El tipo de mercancía puede influir en la elección del Incoterm 2020, ya que algunas mercancías pueden requerir un manejo especial o un tipo específico de transporte. Por ejemplo, una mercancía perecedera puede requerir un transporte más rápido y directo, lo que puede afectar la elección del Incoterm.

Ruta de transporte: La ruta de transporte puede ser un factor importante en la elección del Incoterm 2020, ya que algunas rutas pueden ser más costosas o presentar mayores riesgos. Por ejemplo, si la mercancía se transporta por mar a través de una zona de riesgo elevado, puede ser necesario utilizar un Incoterm que incluya un seguro marítimo.

Costo y riesgo: El costo y el riesgo son factores críticos en la elección del Incoterm 2020, ya que cada Incoterm implica diferentes niveles de costo y riesgo para el vendedor y el comprador. Por ejemplo, un Incoterm que incluya el transporte y el seguro puede ser más costoso para el comprador, pero también puede ofrecer una mayor protección contra el riesgo.

Experiencia y capacidad logística: La experiencia y la capacidad logística de las partes involucradas también pueden influir en la elección del Incoterm 2020. Por ejemplo, si una de las partes tiene experiencia limitada en el transporte internacional, puede ser más apropiado utilizar un Incoterm que incluya el transporte y el seguro para evitar posibles errores o malentendidos.

Regulaciones y prácticas comerciales: Las regulaciones y prácticas comerciales de cada país pueden afectar la elección del Incoterm 2020, ya que algunos países pueden tener requisitos específicos en cuanto a la documentación o el seguro requerido. Por ejemplo, en algunos países es obligatorio contar con un seguro local para ciertas mercancías, lo que puede influir en la elección del Incoterm.

En resumen, la elección del Incoterm 2020 más adecuado dependerá de una serie de factores que deben ser evaluados cuidadosamente por las partes involucradas en la transacción. Es importante tener en cuenta estos criterios para asegurar que el Incoterm elegido sea el más adecuado para las necesidades y circunstancias de la transacción.

Las 10 claves para usar profesionalmente los Incoterms

1. **Conocer en profundidad los Incoterms**: es fundamental comprender el significado y alcance de cada término, sus implicaciones en la transmisión de riesgos y responsabilidades, así como sus particularidades en cuanto a la entrega de la mercancía y los costos asociados.

2. **Adaptar los Incoterms a cada operación**: es importante elegir el término más adecuado a las características de cada operación, teniendo en cuenta factores como el tipo de mercancía, el lugar de origen y destino, los medios de transporte utilizados, entre otros.

3. **Incluir los Incoterms en los contratos**: los términos deben estar claramente definidos en los contratos de compraventa o transporte, especificando los derechos y obligaciones de cada parte.

4. **Utilizar los términos correctos en los documentos**: es importante incluir el término correcto en la factura comercial, el contrato de transporte, el seguro y otros documentos relacionados, para evitar confusiones y malentendidos.

5. **Conocer las normativas aduaneras y de transporte**: es necesario estar al tanto de las normativas y regulaciones en materia aduanera y de transporte, para cumplir con los requisitos legales en cada país y evitar retrasos o sanciones.

6. **Establecer los plazos de entrega**: es importante acordar los plazos de entrega de la mercancía y especificarlos en los contratos, teniendo en cuenta los tiempos de tránsito y las posibles demoras que puedan surgir.

7. **Conocer los costos asociados a cada término**: es fundamental conocer los costos asociados a cada término, incluyendo los gastos de transporte, seguros, aduanas, almacenamiento, entre otros.

8. **Establecer los medios de pago**: es necesario definir los medios de pago y los plazos en los contratos, para evitar problemas financieros y asegurar el cumplimiento de las obligaciones.

9. **Establecer la responsabilidad por los riesgos**: es importante definir claramente la responsabilidad por los riesgos durante el transporte de la mercancía, incluyendo daños, pérdidas, retrasos, entre otros.

10. **Actualizarse periódicamente**: es fundamental estar al tanto de las actualizaciones y cambios en los Incoterms, así como de las normativas y regulaciones en materia de comercio exterior, para asegurar el correcto uso de los términos y evitar problemas en las operaciones comerciales.

Incoterms 2020 – Responsabilidades y obligaciones

EXW (Ex Works - En Fábrica)

El vendedor es responsable de tener la mercancía lista en su establecimiento para que el comprador la recoja. El vendedor no es responsable de cargar la mercancía en el vehículo del comprador ni de ningún trámite de exportación. El comprador es responsable de todos los costos y riesgos asociados con el transporte de la mercancía desde el establecimiento del vendedor hasta su destino final. Este incoterm es adecuado para transacciones nacionales o internacionales en las que el comprador tiene experiencia en el transporte de mercancías y desea tener un mayor control sobre el proceso logístico.

Responsabilidad de cada parte:

- La responsabilidad del vendedor finaliza cuando pone la mercancía a disposición del comprador en su establecimiento o lugar de producción.
- A partir de ese momento, el comprador asume todos los riesgos y responsabilidades, incluyendo los costos y riesgos de carga, transporte, seguro, descarga y despacho de aduanas.

Obligaciones de cada parte:

- Obligaciones del vendedor: el vendedor debe preparar la mercancía para la entrega, colocarla en su establecimiento y ponerla a disposición del comprador en el lugar acordado. Además, el vendedor debe proporcionar al comprador la información necesaria para la exportación de la mercancía y cooperar con el comprador en la obtención de documentos necesarios para la importación.
- Obligaciones del comprador: el comprador es responsable de todos los costos y riesgos asociados con la mercancía a partir del momento en que se pone a su disposición en el establecimiento del vendedor. Además, el comprador debe realizar todos los trámites y obtener todos los permisos necesarios para la importación de la mercancía. El comprador también es responsable de cargar, transportar y descargar la mercancía en el lugar de destino acordado.

FCA (Free Carrier - Franco Transportista)

El vendedor es responsable de la entrega de la mercancía en un lugar determinado acordado con el comprador, pero antes de que la mercancía haya sido cargada en el medio de transporte designado. El vendedor se encarga de la preparación y carga de la mercancía en el vehículo del transportista elegido por el comprador. A partir de ese momento, el comprador asume los riesgos y los costos asociados con el transporte y cualquier trámite aduanero posterior. El vendedor también debe proporcionar al comprador cualquier documento necesario para que la mercancía pueda ser transportada. En general, el Incoterm FCA es un término útil cuando el comprador tiene la capacidad y la experiencia necesarias para contratar directamente el transporte y los servicios de despacho de aduanas.

Responsabilidad de cada parte:

- El vendedor es responsable de la carga y entrega de la mercancía en el lugar acordado. Esto puede ser en las instalaciones del vendedor o en un lugar convenido entre ambas partes. El vendedor es responsable de preparar la mercancía para su transporte, así como de obtener todos los permisos y documentos necesarios para la exportación de la mercancía.
- El comprador es responsable de todos los costos y riesgos asociados con la mercancía una vez que ha sido entregada al transportista designado por el comprador. Esto incluye el transporte de la mercancía al lugar de destino, así como todos los costos y riesgos asociados con la descarga de la mercancía en el lugar de destino. El comprador también es responsable de obtener todos los permisos y documentos necesarios para la importación de la mercancía.

Obligaciones de cada parte:

- Obligaciones del vendedor: El vendedor debe cargar y entregar la mercancía en el lugar acordado y en el momento convenido. El vendedor debe preparar la mercancía para su transporte, obtener los documentos necesarios para la exportación y proporcionarlos al comprador. El vendedor también debe cooperar con el comprador en la obtención de los permisos y documentos necesarios para la importación de la mercancía.

- Obligaciones del comprador: El comprador debe designar al transportista que llevará la mercancía al lugar de destino. El comprador también es responsable de pagar todos los costos asociados con el transporte de la mercancía al lugar de destino. El comprador debe obtener los permisos y documentos necesarios para la importación de la mercancía y proporcionarlos al vendedor. El comprador también debe cooperar con el vendedor en la obtención de los documentos necesarios para la exportación de la mercancía.

FAS (Free Alongside Ship - Franco al Costado del Buque)

El vendedor se encarga de entregar la mercancía a lo largo del costado del buque en el puerto de embarque acordado. El vendedor debe encargarse de todos los costos y riesgos hasta el momento en que la mercancía se coloque junto al buque en el puerto. A partir de ese momento, los costos y riesgos son transferidos al comprador. Es importante tener en cuenta que el vendedor no está obligado a contratar el seguro de la mercancía, aunque es recomendable que lo haga. Este Incoterm es especialmente adecuado para el transporte marítimo y fluvial de mercancías a granel o en grandes volúmenes.

Responsabilidad de cada parte:

- El vendedor es responsable de la carga y despacho de la mercancía en el puerto de embarque, y debe notificar al comprador la fecha de entrega.
- A partir de la entrega en la zona acordada del puerto de embarque, el riesgo y los costos asociados a la mercancía pasan al comprador, quien se encarga de la carga de la misma en el transporte marítimo y los trámites de exportación correspondientes.

Obligaciones de cada parte:

- Obligaciones del vendedor: El vendedor debe entregar la mercancía en la zona acordada del puerto de embarque, lista para su carga en el transporte marítimo. Debe preparar y despachar la mercancía para la exportación, obtener los permisos necesarios y realizar las formalidades aduaneras correspondientes.

- Obligaciones del comprador: El comprador es responsable de los costos y riesgos de la mercancía a partir de su entrega en la zona acordada del puerto de embarque. Debe cargar la mercancía en el transporte marítimo, contratar el flete y el seguro marítimo, realizar los trámites de importación y pagar los impuestos y derechos aduaneros correspondientes.

FOB (Free on Board - Franco a Bordo)

Es utilizado en operaciones de transporte marítimo y establece que el vendedor es responsable de la entrega de la mercancía a bordo del buque en el puerto de embarque designado. A partir de ese momento, la responsabilidad de la carga y los riesgos asociados con ella son transferidos al comprador. Además, el vendedor es responsable de la carga y estiba de la mercancía en el buque y debe proporcionar todos los documentos necesarios para la exportación. El comprador es responsable de todos los costos y riesgos asociados con el transporte marítimo posterior, incluyendo el flete, seguros y derechos de aduana en el país de destino.

Responsabilidad de cada parte:

- El vendedor debe cargar la mercancía a bordo del buque designado y proporcionar los documentos necesarios para la exportación.
- El comprador debe cubrir los costos y riesgos asociados con el transporte de la mercancía desde el puerto de embarque hasta el destino final, así como obtener los documentos necesarios para la importación.

Obligaciones de cada parte:

- El vendedor debe cargar la mercancía a bordo del buque en el puerto de embarque designado, proporcionar el embalaje y la etiqueta necesarios, obtener todos los documentos necesarios para la exportación, y cooperar con el comprador para obtener los documentos necesarios para la importación.

- El comprador debe pagar los costos y riesgos asociados con el transporte de la mercancía desde el puerto de embarque hasta el destino final, obtener los documentos necesarios para la importación, y cooperar con el vendedor para obtener los documentos necesarios para la exportación.

CPT (Carriage Paid To - Transporte Pagado Hasta)

El vendedor es responsable de la entrega de la mercancía al transportista nombrado por el comprador en el lugar acordado y de pagar los costos de transporte necesarios para llevar la mercancía hasta el lugar de destino acordado. El vendedor es responsable de la contratación y pago del transporte principal, pero no del seguro de la mercancía durante el transporte.

Responsabilidad de cada parte:

- El vendedor es responsable de entregar la mercancía al transportista en el lugar convenido y de cubrir los costos de transporte hasta el lugar de destino acordado. Además, el vendedor es responsable de obtener los documentos necesarios para el transporte y el despacho de aduanas.
- El comprador es responsable de cubrir los costos adicionales incurridos después de la entrega de la mercancía al transportista, así como de obtener los permisos y autorizaciones necesarios para la importación de la mercancía en el país de destino.

Obligaciones de cada parte:

- El vendedor debe empaquetar y preparar la mercancía para el transporte, así como obtener los documentos necesarios para el transporte y el despacho de aduanas. También es responsable de entregar la mercancía al transportista en el lugar convenido y de cubrir los costos de transporte hasta el lugar de destino acordado.

- El comprador debe hacer los arreglos necesarios para el transporte de la mercancía desde el lugar de destino acordado, así como obtener los permisos y autorizaciones necesarios para la importación de la mercancía en el país de destino. También debe cubrir los costos adicionales incurridos después de la entrega de la mercancía al transportista, como los costos de almacenamiento y de despacho de aduanas.

CFR (Cost and Freight - Coste y Flete)

El vendedor se encarga de todos los costos y riesgos hasta que la mercancía es entregada a bordo del buque en el puerto de embarque acordado. El vendedor es responsable de contratar y pagar el transporte marítimo y el flete hasta el puerto de destino acordado.

Responsabilidad de cada parte:

- El vendedor es responsable de cargar la mercancía a bordo del buque en el puerto de embarque acordado.
- El comprador asume la responsabilidad de la mercancía una vez que ha sido cargada a bordo del buque en el puerto de embarque. A partir de ese momento, el comprador es responsable de los costos y riesgos asociados con el transporte marítimo de la mercancía, incluyendo el seguro y los costos de descarga en el puerto de destino acordado.

Obligaciones de cada parte:

- El vendedor debe entregar la mercancía en el puerto de embarque acordado y cargarla a bordo del buque. Además, debe obtener todos los documentos necesarios para el transporte y el despacho de aduana en el país de origen.
- El comprador debe contratar y pagar el transporte marítimo, el seguro y los costos de descarga en el puerto de destino acordado. También debe obtener los documentos necesarios para el despacho de aduana en el país de destino.

CIP (Carriage and Insurance Paid to - Transporte y Seguro Pagados hasta)

El vendedor es responsable de entregar la mercancía al transportista o a otra persona nombrada por el comprador en un lugar acordado y pagar el flete y seguro hasta el destino acordado.

Responsabilidad de cada parte:

- El vendedor es responsable de contratar y pagar el transporte principal y el seguro de la mercancía hasta el destino acordado. La transferencia de riesgos ocurre en el momento en que la mercancía es entregada al primer transportista.
- El comprador es responsable de obtener los permisos de importación, pagar los aranceles y otros impuestos, y descargar la mercancía en el destino acordado.

Obligaciones de cada parte:

- El vendedor debe entregar la mercancía en el lugar acordado, contratar y pagar el transporte principal y el seguro de la mercancía hasta el destino acordado, proporcionar el embalaje necesario para el transporte, y proporcionar al comprador la información necesaria para obtener los permisos de importación.
- El comprador debe pagar el precio de la mercancía, obtener los permisos de importación y otros documentos necesarios, y descargar la mercancía en el destino acordado.

CIF (Cost, Insurance and Freight - Coste, Seguro y Flete)

Se utiliza para envíos marítimos y fluviales. El vendedor es responsable de entregar la mercancía en el puerto de embarque, así como de pagar el costo del flete y el seguro hasta el puerto de destino acordado.

Responsabilidad de cada parte:

- El vendedor es responsable de cargar la mercancía a bordo del barco, de pagar los costos de flete y seguro de la mercancía hasta el puerto de destino acordado y de realizar los trámites aduaneros de exportación.
- El comprador es responsable de pagar los costos de descarga en el puerto de destino, los impuestos y los aranceles aduaneros, y de asegurar la mercancía durante el transporte desde el puerto de destino hasta su destino final.

Obligaciones de cada parte:

- El vendedor debe proporcionar al comprador los documentos necesarios para el transporte de la mercancía, como la factura comercial, el conocimiento de embarque y el certificado de seguro.
- El comprador debe abrir una carta de crédito a favor del vendedor y asegurarse de que la mercancía esté asegurada desde el puerto de destino hasta su destino final.

DAP (Delivered at Place - Entregada en Lugar)

El vendedor es responsable de entregar las mercancías al comprador en el lugar acordado, ya sea en una terminal de transporte o en una dirección específica y es responsable de todos los costos y riesgos hasta que las mercancías sean entregadas al comprador en el lugar acordado.

Responsabilidad de cada parte:

- El vendedor es responsable de la entrega de la mercancía en el lugar designado en el país de destino acordado con el comprador.
- El comprador asume la responsabilidad a partir de ese momento, incluyendo los costos y riesgos asociados con la descarga de la mercancía en el lugar de destino acordado.

Obligaciones de cada parte:

- El vendedor es responsable de embalar adecuadamente la mercancía, obtener las licencias de exportación necesarias, organizar el transporte principal y pagar los costos asociados hasta el lugar de destino acordado.
- El comprador es responsable de obtener las licencias de importación necesarias, pagar los costos asociados con el transporte secundario y de importación, y de la descarga de la mercancía en el lugar de destino acordado.

DPU (Delivered at Place Unloaded - Entregada Lugar Descargada)

El vendedor es responsable de entregar la mercancía en un lugar acordado en el país de destino y también del transporte de la mercancía hasta el lugar acordado, que puede ser un almacén, un muelle, una estación de tren o cualquier otro lugar designado en el contrato.

Responsabilidad de cada parte:

- El vendedor incluye la carga de la mercancía en el medio de transporte y la entrega de la mercancía en el lugar acordado en el país de destino. Además debe llevar a cabo todas las formalidades aduaneras de exportación.
- El comprador comienza en el momento en que la mercancía es entregada en el lugar acordado en el país de destino. El comprador es responsable de descargar la mercancía del medio de transporte y de llevar a cabo todas las formalidades aduaneras de importación.

Obligaciones de cada parte:

- El vendedor tiene la obligación de embalar la mercancía de manera adecuada para el transporte y proporcionar al comprador toda la documentación necesaria para el transporte de la mercancía.

- El comprador tiene la obligación de proporcionar al vendedor toda la información necesaria para el transporte de la mercancía y de pagar todos los costos y gastos asociados con el transporte de la mercancía desde el lugar de entrega acordado hasta el lugar de destino.

DDP (Delivered Duty Paid - Entregada Derechos Pagados)

El vendedor es responsable de entregar la mercancía en el lugar de destino acordado, cubriendo todos los costos y trámites necesarios para que la carga llegue a su destino final, como así también de pagar los aranceles y cualquier impuesto o cargo aduanero..

Responsabilidad de cada parte:

- El vendedor tiene la responsabilidad de entregar las mercancías al comprador en el lugar de destino acordado y asume todos los costos y riesgos asociados con la entrega, incluyendo los costos de transporte, aduanas, seguros y cualquier otro gasto necesario.
- El comprador es responsable de recibir las mercancías en el lugar de destino acordado y de pagar por ellas en el plazo acordado.

Obligaciones de cada parte:

- El vendedor tiene la obligación de hacer todos los arreglos necesarios para la entrega de las mercancías en el lugar de destino acordado, incluyendo la contratación del transporte y el seguro, y la gestión de cualquier trámite aduanero. También debe proporcionar al comprador toda la documentación necesaria para la importación de las mercancías en el país de destino.
- El comprador, por su parte, debe asegurarse de que el lugar de destino esté disponible y listo para la entrega de las mercancías, y debe pagar al vendedor el precio acordado en el plazo acordado.

Unas palabras finales...

Como hemos visto, los INCOTERMS son términos comerciales que establecen las obligaciones y responsabilidades del comprador y el vendedor en una transacción internacional. Su uso adecuado y comprensión es esencial para evitar malentendidos y conflictos, y para garantizar que ambas partes cumplan con sus responsabilidades.

A lo largo de este libro, hemos detallado los diferentes INCOTERMS del 2020, sus características, responsabilidades y obligaciones para cada parte. Además, también hemos discutido los cambios más relevantes entre los INCOTERMS del 2010 y el 2020.

Es importante destacar que los INCOTERMS no son leyes, sino términos comerciales que son acordados por ambas partes en un contrato de compraventa internacional. Por lo tanto, es fundamental que las partes involucradas en una transacción internacional estén familiarizadas con los INCOTERMS que se utilizarán, y que se comuniquen claramente para evitar confusiones y malentendidos.

Asimismo, es recomendable que las partes se asesoren con expertos en comercio internacional o abogados especializados en la materia para garantizar que los términos acordados sean los más adecuados para su situación particular.

Otro aspecto importante a tener en cuenta es que los INCOTERMS no abordan todos los aspectos de una transacción internacional, como los términos de pago o la ley aplicable en caso de disputas. Por lo tanto, es necesario complementar los INCOTERMS con otros términos y cláusulas en un contrato de compraventa internacional.

Después de explorar y comprender en profundidad los detalles de los INCOTERMS, podemos decir que estamos equipados con el conocimiento y las herramientas necesarias para navegar con confianza en el complejo mundo del comercio internacional.

Desde el humilde EXW hasta el abarcador DDP, cada término tiene su propio propósito y responsabilidades asignadas a cada parte involucrada en la transacción y con este conocimiento, podemos garantizar una comunicación clara y efectiva, evitar malentendidos y asegurarnos de que todos los participantes en el comercio internacional estén en la misma sintonía.

Como en cualquier otra actividad, la educación y la comprensión son clave para lograr el éxito.

Y con los INCOTERMS como nuestro guía, podemos avanzar hacia un futuro más próspero y conectado.

www.ingramcontent.com/pod-product-compliance
Lightning Source LLC
Chambersburg PA
CBHW070750220526
45467CB00018B/1893